W0086001

kühles
BIER

Michael Kirchschlager

Kleines Thüringer Bierbuch

Rhino Westentaschen-Bibliothek
Band 37

Michael Kirchschlager

Kleines
THÜRINGER
BIERBUCH

Trotz gewissenhafter Bearbeitung kann eine Haftung für den Inhalt nicht übernommen werden. Für aktuelle Ergänzungen und Anregungen ist der Verlag jederzeit dankbar.
Wir bedanken uns bei allen, die uns unterstützt haben.

Abbildungen: Deutscher Brauer-Bund e.V., außer Seite 6: Dr. Tom L. Lee; Seiten 9, 24, 26, 53: Bürgerliches Brauhaus Saalfeld GmbH; Seite 10: Joseph Puschkin; Seiten 19 unten, 33, 70, 85 unten: Hotelpark Stadtbrauerei Arnstadt GmbH; Seite 20: Hans Kadereit (Bild-GFDL/1.3); Seite 22: Peter Schill (CC-BY-SA 2.0); Seite 29: Lucas Friese (CC-BY-SA 3.0); Seite 31: Murray Bosinsky; Seite 34: Hejkal (CC-BY-SA 3.0); Seite 36: Christoph Hoffmann; Seite 38: Wikswat (CC-BY-SA 3.0); Seite 47: Hans Kadereit (CC-BY-SA 3.0); Seite 48: Metilsteiner (CC-BY-SA 3.0); Seite 50: Muelle44 (CC-BY-SA 3.0); Seite 54: Matthias (CC-BY-SA 3.0); Seite 56: Störfix (CC-BY-SA 3.0 de); Seite 58: NoRud (CC-BY-SA 3.0); Seite 63: Watzdorfer Traditions- und Spezialitätenbrauerei GmbH; Seite 64 oben: Bier- und Burgenstraße e. V.; Seite 64 links: Kulmbacher Brauerei AG; Seite 64 rechts: Michael Miltzow; Seite 65 links: Brauereigasthof Sperber-Bräu GmbH; Seite 65 rechts: Dr. Otmar Fugmann; Seite 67: Anagoria (CC-BY 3.0); Seite 69: Goldi64 (CC-BY-SA 3.0); Seite 72: Len Rizzi, National Cancer Institute; Seite 79: Trexer (CC-BY-SA 2.0); Seiten 82–84, 85 oben, 86, 87: Rosenbrauerei Pößneck GmbH
Rückseite: Oleg Zhukov, fotolia.com

Impressum

© 2015 RhinoVerlag Dr. Lutz Gebhardt & Söhne GmbH & Co. KG
Am Hang 27, 98693 Ilmenau
Tel.: 03677 / 46628-0, Fax: 03677 / 46628-80
www.RhinoVerlag.de

Titelbild:	Václav Mach, fotolia.com
Layout, Satz:	Verlag *grünes herz*®
Schrift:	Adobe Garamond Pro
Titelgestaltung:	Jana Rogge, Weimar

1. Auflage 2015
ISBN: 978-3-95560-037-2

Inhaltsverzeichnis

Bier – Eine alte Erfolgsgeschichte 6

Thüringen – Deine Reinheitsgebote 12

Spätmittelalterliche Wirtshausregeln und
   Gesetze rund ums Bier.............................16

Hopfen, Malz und Wasser 20

Der Brauvorgang.......................................24

Thüringer Brauereien.................................28

Die Bier- und Burgenstraße.........................64

Biersorten und Biermarken.........................66

Kleines Lexikon der Biersorten 68

Bach und die Bieroper................................80

Hopfen und Malz, Gott erhalt's!
   Biersprüche für Bierliebhaber 82

Kochen mit Bier...88

Literaturverzeichnis 92

Bier – Eine alte Erfolgsgeschichte

Das Mälzen und Brauen von Bier reicht weit in die Vorzeit der Menschheitsgeschichte zurück. Das erste Bier, ein Opferbier, brauten die Sumerer, das älteste Volk Mesopotamiens, gegen Ende des 4. Jahrtausends vor Christus. Das Bier wurde vielfach in Bäckereien hergestellt, ein praktischer Vorgang, der sich bis ins Mittelalter hinein hielt.

Diese Quittung bestätigt den Erhalt „besten" Bieres vom Brauer „Alulu" aus der sumerischen Stadt Umma, um 2050 v. Chr.

Tacitus (55–120 n. Chr.) schrieb in seiner berühmten Germania, dass die Germanen wohl Kälte und Hunger, aber nicht Hitze und Durst vertragen könnten. Eine ganze Nacht durchzuzechen, galt als ehrbar. Über die Qualität des germanischen Bieres äußert sich kein Geringerer als Kaiser Flavius Claudius Julianus (332–363 n. Chr.), der wiederholt gegen Germanen in die Schlacht gezogen ist: „Du bist dem Bocke ähnlich und nicht dem Nektar. Du bist vielmehr ein Produkt aus Weizen und Gestank." Ein vernichtendes Urteil.

Und dennoch liebten es die Germanen und tranken es auf ihren berüchtigten Trinkgelagen in ihren Met- und Bierhallen vor so mancher Schlacht. Offensichtlich war das germanische Bier dann doch nicht so schlecht, denn bekanntermaßen ging Rom unter und nicht das Land der Biertrinker.

Karl der Große ordnete an, dass jeder Amtmann während seines Hofdienstes nicht nur Malz zur Pfalz bringen sollte, er sollte auch gleich Braumeister mitschicken, damit sie dort ein gutes Bier brauen. Der Klosterplan von St. Gallen aus dem Jahr 814 weist drei Klosterbrauereien aus. Das erste Braurecht verlieh Kaiser Otto II. im Jahr 974 an die Lütticher Kirche. 1040 wurde es dem berühmten Kloster Weihenstephan in Bayern verliehen. In den

Klöstern des Mittelalters spielte das Brauen eine wichtige Rolle – Bier diente in der Fastenzeit als flüssiges Brot. Die heilige Hildegard von Bingen (1098–1179) hebt zudem die Nützlichkeit für Kranke und Gesunde hervor. Besonders gesund sei das Dinkelbier, das nicht nur die Muskeln wachsen lässt, sondern auch die Nieren von ihren Schlackenstoffen befreit.

Schon frühzeitig sind Gesetze zum Schutz der Brauer und des Bierbrauens belegt. Als erster schuf König Heinrich, der Bezwinger der Ungarn (regierte von 919–936), sogenannte Bierbannmeilen um seine Burgen herum. Das war eine Art Konkurrenzschutz. Die deutschen und damit auch die Thüringer Städte zogen nach: 1256 Altenburg, 1283 Eisenach und 1285 Weißensee – um nur die Ältesten zu nennen. Bier wurde zum Grundnahrungsmittel. Bereits seit dem 14. Jahrhundert sind in Thüringen Regelwerke und Gesetzessammlungen das Brauwesen betreffend, belegt.

Die Bierregeln aus den Erfurter Innungsartikeln von 1351 legen schon ziemlich klar fest, was erlaubt und was nicht erlaubt ist: Man darf

Bierpferdewagen vor dem Hohen Schwarm, Saalfeld

nicht eher Feuer unter die Braukessel entzünden, bevor am Mittwoch vor Sankt Michaels Tag zu Abend die Bierglocke lautet. Wer die Zeche prellt, soll die Stadt für acht Tage verlassen und neben einem Strafgeld seine offenen Rechnungen bezahlen.

Und weiter finden wir: Welcher Mann zu Wein oder in die Taberne geht, der soll vernünftig sein und sich benehmen. Er soll weder dem

Wirte noch jemand anders mit Mutwillen seine Gefäße zerbrechen. Wer die Strafe dann nicht zahlen kann, der soll sie im Gefängnis absitzen. Neben der erlaubten Brauzeit und dem Zustand der Braugeschirre wird zudem die Prüfung des Bieres geregelt.

Starkbierprüfung: Hier scheint das Bier wohlgeraten zu sein, Bild von Joseph Puschkin

Manchmal stößt man für die Bierprüfung oder Bierbesichtigung auf etwas kurios anmutende Beschreibungen. Zur „Kore" (Prüfung) des Bieres trafen sich ausgewählte Männer, in Lederhosen gekleidet, im Haus des Brauers, dessen Bier geprüft werden sollte. Eine Bank wurde aufgestellt. Ein Mann, oft ein Marktmeister oder Innungsmeister, goss einen Krug Bier darüber, welches gleichmäßig verteilt wurde. Dann setzten sich die Herren darauf. Zwei Stunden (nach der Sanduhr) blieben sie so sitzen. Auf ein Kommando sprangen sie dann gleichzeitig auf. Ging die Bank mit in die Höhe, weil sie an den Hosen klebte, war genügend gutes Malz im Bier – der Brauer hatte bestanden.

Als Zahlungsmittel hat das ebenfalls aus dem Mittelalter stammende Trinkgeld die Zeiten bis heute überdauert.

Die Biersteuer wurde im Mittelalter zur Hauptsteuer und wurde von den „Zöllnern" eingefordert. Noch heute zieht der Zoll die Biersteuer ein und nicht das Finanzamt.

THÜRINGEN –
DEINE REINHEITSGEBOTE

Zweifellos schlug für die Thüringer Bierge-
schichte eine Sternstunde, als der Autor im Februar 1998 auf der Runneburg das Weißenseer
Reinheitsgebot aus dem Jahre 1434 entdeckte.
Zu Beginn des 15. Jahrhunderts mussten in den
landgräflichen Weißenseer Wirtshäusern raue
Zustände, eine unklare Steuergesetzgebung sowie eine undurchsichtige Steuereintreibung ge-
herrscht haben. Aufgrund innerstädtischer Un-
ruhen erließ der Rat eine 30 Artikel umfassende
Gaststättenverordnung, die *statuta thabernae*.

ARTIKEL 12
DES WEISSENSEER REINHEITSGEBOTS

Zu dreimal Brauen. Es soll auch niemand
mehr brauen als dreimal in einem Jahr oder
nach dem, wie die Räte und die Gemeinde
eines jeglichen Jahres sich einig werden. Zu
dem Bier brauen soll man nicht mehr neh-
men als so viel Malz, als man zu den drei Ge-

bräuen von dreizehn Maltern an ein Viertel Gerstenmalz braucht. Die Gebräue soll man tun zu welcher Zeit in dem Jahr man will oder man erkennt, dass es am zweckmäßigsten sei. Es sollen weder Harz noch irgendwelche anderen Ungefercke [gefährliche Giftstoffe] ins Bier. Dazu soll man nichts anderes geben als Hopfen, Malz und Wasser. Das verbietet man bei zwei Mark und derjenige, der dagegen verstößt, muss die Stadt für vier Wochen räumen [eine Art Zwangsausweisung].

In diesem Artikel ist erstmals die Zusammensetzung des deutschen Bieres mit den Bestandteilen Hopfen, Malz und Wasser genannt. Ob die Weißenseer Stadträte die derben Zustände in ihren „Tabernen" der schlechten Qualität des Bieres zuschrieben und deshalb als Erste ein solches Reinheitsgebot entwickelten, muss offen bleiben. „Dreizehn Maltern an ein Viertel Gerstenmalz" regelt die Stammwürze (11,8–12,8 %, freundliche Mitteilung von Prof. Annemüller, Berlin).

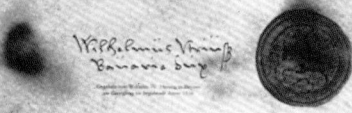

Text des bayerischen Reinheitsgebotes der Herzöge Wilhelm IV. und Ludwig X. von 1516

Doch die Thüringer regelten noch früher ihre Bierreinheit. In einer Stadtverordnung von Weimar aus dem Jahr 1348 wird den Brauern vorgeschrieben, nur Malz und Hopfen für ihre Biere zu verwenden, und 1351 wird den Erfurtern verboten, mit Reisig oder mit Stroh zu brauen.

Ähnliches spielte sich in diesen Jahrzehnten auch in unserem südlichen Nachbarland, in Bayern ab. Hier ließen die bayerischen Herzöge am Tag des Heiligen Georg, dem 23. April 1516 für das Bier nur Gerste, Hopfen und Wasser zu. Das Bayerische Reinheitsgebot, aus dem sich später das deutsche Reinheitsgebot entwickelte, war geboren. Gott und den Bayern sei Dank! Aus diesem Grund begehen die Bierfreunde in Deutschland am Sankt Georgentag, dem Tag der Ritter, auch den Tag des deutschen Bieres.

Aufgrund des deutschen Reinheitsgebotes gibt es heutigentags kein schlechtes deutsches Bier und die Eurokraten wären gut beraten, dieses älteste deutsche Verbraucherschutzgesetz für ganz Euroland zu übernehmen.

SPÄTMITTELALTERLICHE WIRTSHAUSREGELN UND GESETZE RUND UMS BIER

Wenn sich der Gast ungebührlich verhält.
Wo ein Bürger Wein oder Bier verkauft,
komme darein ein Gast und vertrinkt sein
Geld, und wenn der Gast bezahlen soll und
bezahlt nicht gütlich und bietet der Frau böse
Worte, oder des Wirtes Gesinde, kommt der
Wirt dazu, und schlägt dieser den Gast mit
einem Gefäße an den Kopf oder in die Zähne
oder raufet ihn, soll dennoch der Gast dem
Wirte die Unzucht büßen, die er in seinem
Hause begangen hat.
(Unzucht – Unsitte, schlechtes Benehmen)

Schlägt aber der Wirt den Gast so sehr,
daß er ihn verwundet, soll der Wirt dem Gast
seinen Arzt rufen. Der Gast soll aber dennoch
dem Wirt seine Unzucht büßen, die er in
seinem Haus begangen hat.

Wenn zwei ihr Gebräu miteinander
vermischen.

Auch wenn zwei Bürger ihr Gebräu miteinander vermischen in einem Hause, und wenn ein
jeglicher Bürger das seine heim fährt in sein
Lager und zu Hause ausschenkt, verbietet man
das bei zwei Mark und derjenige muß die Stadt
für vier Wochen räumen.

Es soll auch niemand fremde Weine noch fremde Biere einführen noch lagern noch die schenken, die hier zu dieser Stadt nicht zugewachsen sind. Das verbietet man bei vier Mark und bei einem Jahr die Stadt zu räumen.

Auch so mag ein jeglicher Bürger schenken und ziehen ein halb Faß Biers oder ein acht eimriges Faß und nicht mehr, zu den Jahrmärkten und zu dem Ablaß, solange die Freiheit währt und nicht länger.

Es soll auch niemand ohne Zeichen Bier noch Wein verkaufen, noch heimlich verwechseln. Das verbietet man bei einem Pfund. (Mit Zeichen ist der Bierwisch, der Vorgänger unserer Gaststättenausleger, gemeint).

Es soll auch kein Bürger fremdes Malz brauen.
Das verbietet man bei einem Pfund.

Nach der Bierglocke soll niemand ohne
Geleuchte, noch mit Wyschen gehen.
Das verbietet man dem Bürger bei einem
Schilling und dem Gast bei drei Schillingen.
(Mit Wyschen ist der Strohwisch –
Strohfackel gemeint.)

Hopfen, Malz und Wasser

Der Hopfen gilt als „Seele des Bieres". Er verleiht dem Bier den angenehm bitteren Geschmack und das charakteristische Aroma. Zum Bierbrauen sind nur die weiblichen Blüten brauchbar. Ferner erhöht er die Haltbarkeit des Bieres, stärkt die Schaumkrone und wirkt harntreibend, was die meisten Biertrinker bestätigen können.

Hopfen geöffnet

Nach der Ernte kommt die Braugerste, die in Thüringen von besonders hoher Qualität ist, in die Mälzerei, die man früher Darre oder Darrhaus nannte. Für das Braumalz sucht der Mälzer zuerst einmal die geeignete Getreidesorte (Gerste, Weizen, Dinkel oder Roggen) aus. Die Körner werden gereinigt und sortiert und kommen in die sogenannte „Weiche", wo das Getreide bis zu drei Tage lang abwechselnd mit Wasser und Luft in Berührung kommt, um anschließend im Keimkasten zirka fünf Tage zu keimen. Es entsteht „Grünmalz", das noch getrocknet – oder „gedarrt" – werden muss. Durch die gezielte Auswahl der Temperatur beim Darren entscheidet der Mälzer über die Farbe und Geschmack des Malzes und damit auch über die Farbe des fertigen Bieres. Malz für helles Bier wird bei etwa 80 Grad getrocknet, Malz für dunkles Bier bei rund 100 Grad. Der Mälzer reguliert den Ablauf allein durch die optimale Steuerung von Feuchtigkeit, Temperatur und Belüftung. Das fertige Braumalz wird von den Wurzelkeimen befreit, entstaubt und poliert, bevor es schließlich in Silos gela-

Grünmalz

gert wird. Von hier aus wird das fertige Braumalz dann an die Brauerei geliefert, die es im Brauprozess weiterverarbeitet. Für untergärige Biere darf nur Gerstenmalz verwendet werden. Für obergärige Sorten kann auch Weizen-, Roggen- oder Dinkelmalz zum Einsatz kommen.

Den Hauptbestandteil des Bieres stellt zu mehr als 90 Prozent das Brauwasser, welches oft die Qualität des Trinkwassers übertrifft. Für unser helles Bier, vor allem nach Pilsner Brauart, eignet sich besonders gut weiches Wasser. Die Rosenbrauerei in Pößneck verfügt über eine brauereieigene Quelle, weshalb man mit dem Spruch „Das bessere Wasser macht das bessere Bier" warb.

Zum Schluß sei noch der Hefe gedacht, die die Bierwürze zur Gärung bringt und dabei Malzzucker in Alkohol und Kohlensäure umwandelt. Obergärige Hefen schwimmen am Ende des Prozesses an der Oberfläche des Jungbieres, untergärige Hefen setzen sich am Boden der Gärgefäße ab. Heute verwendet man für alle älteren Brauverfahren (Alt- und Weizenbier) obergärige Hefen, die bei Temperaturen zwischen 15 und 25 Grad Celsius vergären. Alle Lagerbiere – Pilsner, Märzenbier, Bockbier, Doppelbock – werden mit Hilfe untergäriger Hefe gebraut, wobei die Hefe bei Temperaturen zwischen 5 und 9 Grad Celsius vergärt.

Frisch gedarrtes Malz auf einer Schaufel

DER BRAUVORGANG

Vor dem Brauvorgang wird das Malz in der Schrotmühle gemahlen und als „Malzschrot" im Maischbottich mit Wasser zur so genannten Maische vermischt und auf verschiedenen Temperaturstufen erhitzt. Im Läuterbottich werden die festen Bestandteile der Maische von der Flüssigkeit getrennt. Es entstehen Treber (Hüllen der Getreidekörner) und Würze (alle löslichen Stoffe des Malzkornes). Die

Braumeister Hohmann mit Hopfen

Kräusen der Hefe während der offenen Gärung

dickflüssige und leicht süßliche Würze gelangt
nun in die Würzepfanne. Der Treber wird von
den Bauern gern als Tierfutter verwendet oder
wurde zu Brot verarbeitet (wie mancherorts
heute wieder). Nun ist die Zeit für den Hopfen gekommen, der etwa eine Stunde in der
Würzpfanne mitgekocht wird. Je mehr Hopfen
desto herber schmeckt später das fertige Bier. Je
nach Biertyp werden Aroma- oder Bitterhop-
fen eingesetzt. Durch das Entweichen des Was-

serdampfes steigt die Konzentration der Würze, der so genannte Stammwürzegehalt, der oft mit dem Alkoholgehalt verwechselt wird. In Filteranlagen werden störende Eiweißbestandteile von der heißen Würze getrennt, die schnellstmöglich auf die entsprechende Gär-

Sudhaus des Bürgerlichen Brauhauses Saalfeld

temperatur abgekühlt werden muss (ca. 8 Grad bei untergärigen und ca. 20 Grad bei obergärigen Bieren). Unter Hinzugabe von Hefe wird die Würze in offene Gärbottiche oder Tanks umgefüllt. Die jetzt einsetzende Hauptgärung spaltet den Malzzucker in Alkohol und Kohlensäure. Auf der brodelnden Würze bildet sich ein dicker, weißer bis gelber Schaum. Untergäriges Bier gärt in der Regel acht bis zehn Tage, obergäriges zwei bis drei Tage. Mittels der Würzespindel prüft der Braumeister regelmäßig den Stand der Vergärung. Das junge Bier wird anschließend in Tanks zum Nachreifen gelagert – je nach Biertyp bis zu drei Monate.

Thüringer Brauereien

In den letzten Jahren und Jahrzehnten sind etliche bekannte, traditionsreiche Marken verschwunden (z. B. Meininger 2012), andere kamen glücklicherweise hinzu. Dabei verblüfft die Sortenvielfalt, auch wenn so manche Brauerei nicht mehr selbst braut und ihre Biere von größeren Brauereien einbrauen lässt. Neben den althergebrachten Brauereien gibt es zudem noch zahlreiche kleinere Kommun-, Vereins- und Gemeindebrauhäuser in Gleichamberg, Gombertshausen, Heilingen, Luisenthal (Brauereimuseum), Schlechtsart, Steinach, Ummerstadt und Vachdorf sowie Museumsbrauereien mit saisonaler Brautradion, wie z. B. im Thüringer Freilichtmuseum Hohenfelden und im Hennebergischen Museum Kloster Veßra unter dem Motto „Maischen und gut sieden". Wir wollen an dieser Stelle dem interessierten Bierfreund eine Auswahl der wichtigsten Brauereien Thüringens und deren Biere in alphabetischer Reihenfolge kurz vorstellen.

ALTENBURGER – „DU WILLST ES DOCH AUCH!"

Die Brautradition am heutigen Standort existiert seit 1871. Die Überlieferung einer Bierbannmeile ist für das Jahr 1256 verbürgt. Die Brauerei gehört heute zur Leikeimbrauerei aus Oberfranken. Bemerkenswert ist der architek-

Brauerei zu Altenburg, links das Sudhaus

tonische Aufbau der Brauerei mit geschützten Gründerzeitgebäuden von 1871 und dem imposanten Jugendstilsudhaus von 1913/1914 (dient auch als Standesamt). Zudem können Brauereibesucher dem Brauprozess im historischen 5-Geräte-Sudwerk mit alten Kupfergefäßen, folgen. Im eigenen Brauereimuseum wird dem interessierten Besucher die Geschichte und Bedeutung der Braukunst in der Altenburger Region näher gebracht. Gebraut wird Bockbier, Lager, Pilsener, Schwarzbier und ein Festbier.

→ www.brauerei-altenburg.de

GETRÄNKE PATZELT   ALTENBURG

GERSTENBERGER – „DAS BIER VON DER PLEISSENAUE"

Unter der Eigenmarke der Firma Getränke Patzelt werden in der Eibauer Brauerei zu Sachsen ein Pils, ein Export, ein Helles und ein Festbier gebraut und abgefüllt.

→ www.getraenke-patzelt.de

APOLDAER – „DAS BIER AUS THÜRINGEN"

Brautradition am heutigen Standort seit 1. Oktober 1887 (2012 125-jähriges Bestehen). Seit 1440 ist in Apolda die Bierbrauerei überliefert. Die Vereinsbrauerei zählt zu den ältesten Firmen in Apolda und befindet sich zu 100% in Thüringer Privathand. Sie gilt als eine der mo-

Vereinsbrauerei Apolda

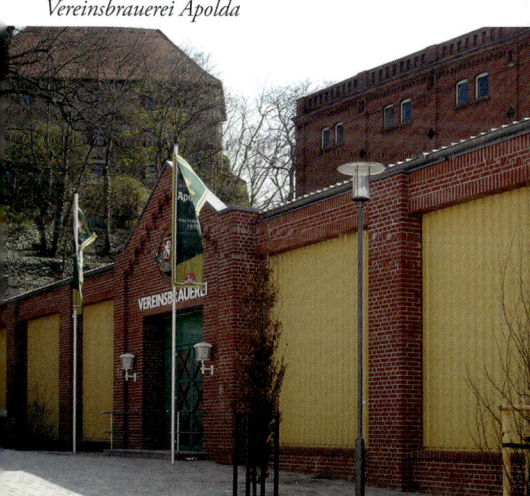

dernsten Privatbrauereien Deutschlands und tritt als Sponsor zahlreicher Vereine auf. Die Apoldaer brauen diverse Pilsener, von denen etliche mit internationalen Bier-Preisen ausgezeichnet wurden, ein helles und ein dunkles Hefeweizen, einen Festbock, ein Helles und ein Export.

→ www.vereinsbrauerei-apolda.de

HOTELPARK STADTBRAUEREI ARNSTADT

ARNSTADT

Brautradition seit 1404. Bürgermeister Niklas Fischer aus Arnstadt gilt sogar als Erfinder des Weizenbieres, welches von brauner Farbe war und erstmalig 1617 die Kehlen durstiger Biertrinker hinablief. „Dieses Bier ist braun von Farbe, angenehm von Geschmack und berauscht leicht, übrigens ist es sehr nahrhaft und besonders für Alle, die sich des Tages durch Handarbeit ermüden, sehr stärkend" (Handbuch der Erfindungen, 1822), aus den überkommenen Resten des Arnstädter Brauereiwesens entwickelte sich in den 1990er-Jahren eine moderne Stadtbrauerei mit Hotel und umfangreichen touristischen Angeboten. Gebraut wird der helle Arnstädter UrStoff, der dunkle Arnstädter UrTyp, der starke Arnstädter UrBock, der traditionelle Arnstädter UrWeizen sowie das obligatorische Arnstädter Schwarzbier.

→ www.hotelpark-arnstadt.de

Außenansicht der Stadtbrauerei Arnstadt

Dingslebener Edel-Pils

DINGSLEBENER BIERSPEZIALITÄTEN

1895 übernahm August Metzler eine Gast-
wirtschaft und das Brauwesen der Gemeinde.
Damit legte er den Grundstock für die heutige traditionsreiche Privatbrauerei. In Haina
erlernte der Schmied, der auch als Fleischer

in seiner Gemeinde bekannt war, das Brauwesen. Bis 1954 wurde im Gemeindebrauhaus
gebraut, dann verlagerte man das Brauen in
neue Brauereigebäude. Außer acht Biersorten
kommen heute eine Vielzahl von Limonaden,
Saftmischgetränken, einem Biermischgetränk
und ein eigenes qualitativ hochwertiges Mi-
neralwasser aus Dingsleben. Gebraut werden
diverse Pilsner, ein Landbier, das Dingslebener
Lava Schwarzbier, helles und dunkles Weizenbier, Bock und Kellerbier.

→ www.dingslebenerbrauerei.de

„MICHELS" EICHSFELDER BRAUMANUFAKTUR
DÜNWALD OT HÜPSTEDT

Die Brauerei ist ein Ein-Mann-Betrieb mit einer jährlichen Produktionsmenge von bis zu
15.000 Liter Bier. Automatisch gesteuert wird
nur der Maisch- und Kochprozess, sowie die
Kältesteuerung der Gär- und Lagergefäße. Alles
andere ist Handarbeit. Die „Michels" Eichsfel-
der Braumanufaktur will an alte Brautraditio-
nen anknüpfen und mit innovativen, handge-

machten Produkten einen kleinen Beitrag dazu leisten, dass die deutsche Bierkultur nicht nur aus günstigen Massenbieren besteht und die Heimat an Biervielfalt gewinnt. Gebraut wird Pils, ein Dunkles, Bock, 4-Korn aus Gerste, Weizen, Roggen und Dinkel, ein Maibock, Weizenbier und diverse englische Biersorten.

→ www.michels-bier.de

BRAUGOLD VERTRIEB   **ERFURT**

Die Brautradion in Erfurt reicht bis ins Mittelalter zurück, Braugold selbst sieht seine Tradition seit 1888. In diesem Jahr eröffnet Christian

Büchner die Brauerei an der heutigen Robert-Koch-Straße am Stadtpark. 1904 erfolgte die Gründung von Reudnitz Riebeck & Co. AG. Ab 1920 kam es zu Brauereizusammenschlüssen. 1948 Überführung der Riebeck Brauerei Erfurt AG in Volkseigentum. 1956 entsteht das Warenzeichen Brauerei „Braugold". Ab 1990 wechselte mehrfach der Besitzer bis die Braugold-Brauerei 2006 durch zwei Privatinvestoren gekauft wurde. Gebraut wird Pilsner, Exportbier, Helles, Bock und Porter.

→ www.braugold.de

WALDHAUS BRÄU ERFURT ERFURT

ERFURTS ERSTE GASTHAUSBRAUEREI

Das Waldhaus wurde 1888 bei der „Rhodaischen Waldecke" an der so genannten Schnapseiche durch die Aktienbrauerei Erfurt erbaut. Im November 1911 übernahm die Familie Rohr das Anwesen mit Pferdeställen, Kutscherstuben, Kegelbahn und Saal. Nach sechs Jahrzehnten im Familienbesitz, überstandenen Wirtschaftskrisen und Kriegsjahren übernahm

Waldhaus Erfurt

zu DDR-Zeiten die Konsumgenossenschaft den Betrieb. Nach der Wende begannen 1993 Restaurierungsmaßnahmen an dem herunter-gekommenen Objekt und schon 1994 konn-ten die ersten Gäste an einem Sommertag im Juli mit dem ersten hausgemachten Bier „auf ein Neues" anstoßen. Gebraut wird Pilsener,

Dunkles, Märzenbier, Weizen, Maibock, Rotbier, Rauchbier, Doppelbock des Weiteren zahlreiche weitere saisonale Biere, wie Weihnachtsbier, Rauchbierbock, Rauchweizendoppelbock.
→ www.waldhaus-erfurt.de

WALDKASINO BRAUEREIGASTSTÄTTE ERFURT

Die kleine Brauereigaststätte liegt am südlichen Rande Erfurts auf einer bewaldeten Anhöhe, die einen Panoramablick über Erfurts Dächer erlaubt. Sie führt nach einer gründlichen Sanierung eine Tradition seit 1914 fort, wobei die historische Atmosphäre erhalten werden konnten. Gebraut wird naturtrübes Pils und Schwarzbier.
→ www.waldkasino.de

WARTBURG BRAUEREI EISENACH EISENACH

„EISENACHER WARTBURG ... EINE STADT, EINE BURG, EIN BIER!"
Brautradition im landgräflichen Eisenach seit 1283. Die heutige Brauerei existiert schon seit 1828. Seit 1914 trägt sie den Namen Wartburg

Brauerei und unterstützt zahlreiche Feste und Veranstaltungen, wie den Eisenacher Sommergewinn, das Hopfenfest, die Wartburg Rallye und das Schwarzbierfest. Jährlich wird eine Hopfenkönigin gekürt. Gebraut wird Pils, Export, Schwarzer Esel – ein tiefschwarzes Schwarzbier. Namensgeber sind die Wartburgesel, die es nur in Eisenach gibt. Wartburg-Eselin Anja hat es sogar auf das Etikett geschafft.

→ www.eisenacher-brauerei.de

BRAUEREI GOTHA, ZWEIGNL. OETTINGER BRAUEREI
GOTHA

Brautradion am Standort Oettingen seit 1333. Die Gründung des Familienunternehmens reicht bis ins Jahr 1731 zurück. Das zur Genossenschafts-Brauerei umfirmierte „Fürstliche Brauhaus zu Oettingen, Oettinger Bier" wurde 1956 von Otto Kollmar übernommen, dessen Sohn Günther ab den 1970er-Jahren, als die Ära der Supermärkte begann, die neue Unternehmensgruppe prägte, mit direkten Vertriebsformen und eine Ausrichtung auf preisbewusste

Verbraucher. Oettinger ist heute gemessen am Ausstoß Deutschlands größte Biermarke und braut alle seine Biere gentechnikfrei. Gebraut wird Kellerbier, Pils, Export, Bock, Schwarzbier, Altbier, Helles, helles und dunkles Weizenbier, ein Winterbier, Märzenbier u. a.

→ www.oettinger-bier.de

VEREINSBRAUEREI GREIZ GREIZ

Die Brautradition besteht seit 1872, als drei Greizer Bürger unter der Firmenbezeichnung „Vereinsbrauerei Greiz" ein neues, leistungsfähiges Brauunternehmen im Handelsregister eintragen lassen. 1886 Umwandlung des jungen Unternehmens in eine Aktiengesellschaft, 1922 Anschluss der „Göltzschtalbrauerei" und der „Schloss-Brauerei Netzschkau". Anfänglich darauf spezialisiert, ein halbdunkles Bier Münchner Brauart zu produzieren, verlagerte man sich ab 1922 auf Pilsner Biere. Zu DDR-Zeiten wurde die Vereinsbrauerei zum VEB, dann Mitglied der „Vereinigung Ostthüringer Brauereien" und 1972 dem neu geschaffe-

nen „Getränkekombinat Gera" zugeschlagen. Nach der Wende Übernahme durch die „Tucher Bräu AG Nürnberg", 1991 Sanierung des Tiefbrunnens, dann mehrmalige Besitzerwechsel, heute wieder privat geführt. Die Vereinsbrauerei Greiz war die erste Brauerei in Thüringen, deren Erzeugnisse mit dem „Thüringer Herkunftszeichen" prämiert wurden. Gebraut wird Helles, Zwickl, Pils, Export, Urbräu und Bock.

→ www.greizer.de

FAMILIENBRAUEREI H. SCHMIEDEKNECHT

Brautradition seit 1869 mit der Gründung der Brauerei durch den Metzgermeister und Landtagsabgeordneten Daniel Schmiedeknecht. Seit 1882 Communbrauerei zum gemeinsamem Gebrauch durch die Bürger. 1892 erfolgte der Bau der Brauereigebäude. 1925 Titel 1. Thüringer Dampfbierbrauerei. Verstaatlichung in der DDR. 1995 Rückübertragung. Heute wieder im Familienbesitz. Gebraut wird Pils und ein Dunkles Lager, im November Bockbieranstich.
→ www.brauerei-schmiedeknecht.de

BRAUGASTHOF PAPIERMÜHLE

ERSTER JENAER BRAU-GASTHOF

Brautradition in Jena seit 1332, als der Stadt das Braurecht erteilt wurde. Seitdem müssen die Studenten großen Durst gehabt haben, denn bereits in der Polizei- und Landesordnung von 1556 sind Festlegungen gegen das „Zutrinken und Vollsaufen" enthalten. Seit dem 16. Jahrhundert hatte man zwei Gemeindebrauhäuser genutzt. Die Vereinigung der Braugenossenschaften 1830 führte dazu, dass 1855 die Brauerei am Felsenkeller gebaut werden konnte. Wegen wirtschaftlicher Schwierigkeiten übernahm 1881 der Rat der Stadt die Brauerei, bis sie 1951 in Volkseigentum überging. Nach der Wende ging sie in Konkurs. Seit 1996 gibt es wieder Jenaer Gerstensaft, denn der Brau-Gasthof in der Papiermühle erhielt das Braurecht. Gebraut werden diverse Pilsener, Schellenbier (dunkler Bock) sowie ein starkes Weihnachtsbier.

→ www.papiermuehhle-jena.de

RHÖNBRAUEREI DITTMAR KALTENNORDHEIM

RHÖN-BIER
Brautradition seit 135 Jahren. Mit dem Verkauf des Gemeindebrauhauses 1875 an die „Löwen"-Wirtin Margarete Marschall und an den Gastwirt und Metzger Friedrich Christian Dittmar erhielten diese auch das Braurecht. Friedrich Dittmar übernahm den Betrieb 1888

und machte das Rhön-Bier weit über die Grenzen des Ortes hinaus bekannt. Friedrich Dittmar errichtete 1903–1905 die neue Brauerei, deren Fassade heute noch fast originalgetreu erhalten ist. 1905 übernahm Sohn Gustav Dittmar die Brauerei. Die Familie führte die Brauerei durch alle Krisen. Mit der Wende eröffneten sich neue Chancen und am 1. Juni 1990 wurde die Rhönbrauerei reprivatisiert. Heute leitet die Familie Dittmar in der fünften bzw. sechsten Generation die altehrwürdige Brauerei. Das Brauwasser wird aus einem eigenen Brunnen im Rhöner Biosphärenreservat gefördert. Gebraut wird Pils, Export, Urtyp, Kellerbier, Weizen, Bock, Doppelbock, Winterbier und das obligatorische Schwarzbier.

→ www.rhoenbrauerei.de

Köstritzer Schwarzbierbrauerei
Bad Köstritz

Köstritzer – „Gibt Momenten Seele"
Eine der ältesten und bekanntesten Brauereien Deutschlands, deren Brautradition ins

Jahr 1543 zurückreicht. Den Grundstein für einen Neubau, auf dem die Köstritzer Brauerei bis heute basiert, legte 1875 der Unternehmer Rudolf Zersch. Im Oktober 1948 wurde die Brauerei enteignet und in VEB Köstritzer Schwarzbierbrauerei umgewandelt. Von 1979 bis 1990 erfolgte ein vollständiger Neubau der Brauerei, die Zehntausende von Hektolitern exportierte. 1991 von der Bitburger Holding übernommen und stark modernisiert, zählt Köstritzer heute zu den bekanntesten Bieren Deutschlands. Gebraut wird natürlich Köstrit-

Portal der Brauerei in Köstritz

zer Schwarzbier – Deutschlands beliebtestes Schwarzbier –, Kellerbier und diverse Pilsener. Die Biere werden inzwischen in mehr als 50 Länder exportiert!

→ www.koestritzer.de

Bereits im 18. Jahrhundert wurde im Stutzhaus Bier gebraut: In kleinen Mengen für den „Eigenbedarf". 1892 errichtete der Brauer Johann Keil auf den Grundmauern des Stutzhauses eine richtige Brauerei. Die „Stutze" war im 18. und 19. Jahrhundert ein Hohlmaß – für jede „Stutze" Holzkohle oder Kienruß erhielten die Köhler eine Vergütung. Keil und sein Teilhaber Hermann Fasbender gaben dem Haus fortan

Stutzhäuser Brauereimuseum

seinen Namen: Brauerei Keil & Fasbender. Die Braustätte blieb bis 1962 eigenständig. 1972 wurden sie in einen VEB umgewandelt.

Der VEB Brauerei Luisenthal zählte bis zur Wiedervereinigung zur Brauerei Gotha. 1991 übernahm die Oettinger Brauerei auch den kurz zuvor stillgelegten Betriebsteil Luisenthal. Dank den neuen Inhabern wurde das „Stutzhaus" in den folgenden zwei Jahren liebevoll restauriert. Viele Exponate für das Brauereimuseum und für die Thüringer Heimatstube wurde vom Heimatverein Luisenthal zusammengetragen, der sich bis heute liebevoll kümmert.

Bierkenner können nach einer Brauereiführung ein Bierdiplom erwerben. Natürlich gibt es auch süffiges Stutzhäuser Bier und als regionale Spezialität sogar einen hausgemachten Bierlikör!

→ www.stutzhaeuser.de

BRAUHAUS ZUM LÖWEN **MÜHLHAUSEN**

Gasthausbrauerei mit Hotel. In gemütlicher Gasthaus-Atmosphäre, direkt bei den Sudkesseln, kann man dem Braumeister über die Schul-

ter schauen. Brauereiführungen sind möglich.
Gebraut werden ein Brauhaus Pilsner und das
Apotheker Dunkel.

→ www.brauhaus-zum-loewen.de

ROSENBRAUEREI PÖSSNECK   PÖSSNECK

ROSEN-PILS – DAS LEBEN IST TROCKEN GENUG

Brautradition seit 1445. Eine Brauordnung
aus dem Jahre 1656 vom Herzog Friedrich
Wilhelm regelte nicht nur den gewerblichen

*Das Brauereigelände der Rosenbrauerei in Pößneck
im Jahr 1999*

Bierverkauf, sondern räumte der Stadt auch
das Recht ein, in Notzeiten den sogenannten
„Bierpfennig" zu erheben, mit welchem man
anfangs Kriegsschulden tilgte. Zeitungsdoku-
mente belegen, dass der Name Rosenbrauerei
vermutlich schon Anfang der 90er-Jahre des
vorigen Jahrhunderts entstand („Richard Wag-
ner, Rosenbrauerei"). Aufgrund der konse-
quenten Bemühungen erhält die Rosenbrauerei
in den Jahren 1997–2000 für die „Schwarze
Rose" und das „Rosen-Pils" durch die als här-
testen Biertest der Welt geltende Prüfung den

DLG-Preis in Gold und Silber. 2001 Übernahme der Vereinsbrauerei Greiz und der Brauerei Weimar-Ehringsdorf, 2002 Einweihung eines Brauereimuseums. Gebraut werden Pils, Dunkler Bock, Helles und Kellerbier.

→ www.rosenbrauerei.de

BÜRGERLICHES BRAUHAUS SAALFELD SAALFELD

SAALFELDER – „VOM KENNER BEVORZUGT"

Brautradition seit 1881 als Bürgerliches Brauhaus. 1908 Umwandlung der Privatbrauerei in eine GmbH, später in eine Aktiengesellschaft des Riebeck-Konzerns. Im April 1945 Bombentreffer, doch dem Braumeister Strobl war es zu verdanken, dass bereits im Januar 1946 der erste Sud wieder eingebraut und am 7. Februar 1946 das erste selbst gebraute Bier wieder zum Ausstoß kommen konnte. 1948 enteignet und verstaatlicht, wurde die Brauerei vernachlässigt und befand sich 1989 in einem technisch total veralteten Zustand. Seit 1991 befindet sich die Brauerei in privater Hand. Nach Investitionen von über 7 Mio. € in die Erneue-

1. Brauereigeburtstag in Saalfeld

rung von Gebäuden und Anlagen kann sich
das Bürgerliche Brauhaus Saalfeld sowohl von
innen als auch von außen wieder sehen lassen.
Nach 1997 Vertrieb der Marke Jäcklein, der
ehemaligen Jäcklein Brauerei, die in Ilmenau
ansässig war und 1991 ihren Betrieb einstellte.
100 Jahre nach Gründung der Brauerei Jäcklein wurde 1997 das „Jäcklein Pils" wiederbe-
lebt. Gebraut wird Pilsner, Märzenbier, Bock,
Doppelbock, Saalfelder Dunkel – Typ Münchner Brauart, Weizenbier, Saalfelder Exklusiv
(Dieses Spitzen-Bier wird mit frischem Hop-

fen aus eigenem Anbau im Hopfengarten des Bürgerlichen Brauhauses Saalfeld hergestellt.),) Jäcklein, Dunkles Lagerbier, Pils und Märzen.
→ www.brauhaus-saalfeld.de

DIE MUSEUMSBRAUEREI IN SINGEN
Brautradition der Familie Schmitt seit über 125 Jahren. Die alten Maschinen und Geräte blieben fast unverändert erhalten und waren stets in

Die Brauerei in Singen (2002)

Betrieb, so dass bis heute Bier „wie vor hundert Jahren" gebraut wird. Rührwerke und Würzepumpe werden am Brautag von einer 12-PS-Dampfmaschine angetrieben, die Bierwürze im Holzbottich vergoren, das Bier in Eichenholzfässern gelagert. Jede Woche wird einmal gebraut, wobei 2.000 Liter Würze hergestellt werden. Seit 1976 steht die Brauerei Schmitt unter Denkmalschutz. Da der fast einhundert Jahre alte technische Apparat zur Bierherstellung fast vollständig erhalten und außerdem voll funktionstüchtig ist, dürfte diese Braustätte wohl einzigartig sein. Gebraut wird ein kräftiges, herbes Pils sowie ein saisonales Bockbier.

- › www.brauerei-schmitt.de

SCHLOSSBRAUEREI SCHWARZBACH SCHWARZBACH

SCHLOSSBRAUEREI SEIT 1400

Brautradition seit 1400. Im Wirtshaus an der Mühle braut Hans Marschal von Kunstadt erstmals selbst Bier. 1662 Erwähnung einer Tranksteuer, um 1720 Neubau eines Brauhauses mit einem Schlossbediensteten als Braumeister.

Verleihung des Brau- und Schankrechtes für Schwarzbach und Brattendorf am 10. Januar 1721 durch den Grafen. Am 2. Juli 1851 erwirbt der Kaufmann und Gastwirt Peter Trier aus Veilsdorf die Schwarzbacher Schloßbrauerei, sowie die Gaststätte „Zum Schloß" für seinen Sohn Emil Trier. 1949 erfolgt die Enteignung der Besitzer. Nach der Wende umfangreiche Sanierungen. Seit 2001 wurde eine zweite Stufe umfangreicher Sanierungsarbeiten und Investitionen in Angriff genommen, u. a. um die Umwelt zu schonen. Gebraut wird Pils, Schwarzbier (mit dem bezeichnenden Namen Raubritter dunkel), Weizenbier, Winterbier und Bock.

→ www.schlossbrauerei-schwarzbach.de

Schlossbrauerei Schwarzbach

Brautradition bereits seit 1622. Damals wurde das Brau- und Schankrecht an die Vorfahren der jetzigen Eigentümer verliehen. 1997 wurde eine neue Braustätte in Sonneberg/Thüringen errichtet. Die Abfüllung erfolgt in umweltfreundlichen Bügelverschlussflaschen. Das klare eigene Brauwasser entspringt dem Thüringer Schiefergebirge. Gebraut wird Pils, Alt-Sumbarcher Dunkel, Dunkler Bock, Heller Doppelbock.
→ www.privatbrauerei-gessner.de

WATZDORFER TRADITIONS- UND SPEZIALITÄTENBRAUEREI   WATZDORF

WATZDORFER – DIE ERLEBNISBRAUEREI

Brautradition am Fuße der Burg Greifenstein seit 1411. Die traditionsreiche Brauerei gilt als einer der ältesten Braustandorte Deutschlands. Für die Watzdorfer Biere wird Thüringer Hochlandgerste aus streng kontrolliert-integriertem Ackerbau verwendet. In einem Brauereimuseum kann der Besucher die Entwicklung und Geschichte des Brauwesens aus alten Zeiten bis zur Gegenwart verfolgen. Zudem bietet das Panoramafenster im alten Brauereischalander – dem Pausen- und Schankraum der Brauer – einen phantastischen Blick in das Sudhaus. Natürlich werden auch – wie bei allen Thüringer Brauereien – Bierverkostungen, Führungen, Bierfeste und andere Veranstaltungen angeboten. Gütesiegel wie CMA und Original Thüringer Qualität sind den Watzdorfer Brauern Anspruch und Verpflichtung. Gebraut werden Pilsner, Landbier, Schwarzbier und saisonal ein Bock.

→ www.watzdorfer.de

Die Watzdorfer Brauerei mit Sudhaus und Maschinenhalle

„TRUMPF IST EHRINGSDORFER – DAS WEIMARER BIER"

Brautradition seit 1840 durch die Familie Heydenreich bis die Brauerei 1945 unter sowjetische Militärverwaltung gestellt und 1947 im Zuge der Bodenreform enteignet wird. Im gleichen Jahr wurde die Brauerei an die Kon-

sumgenossenschaft unter dem Namen „Konsumbrauerei Weimar-Ehringsdorf" übergeben.
Ab 1950 begann die systematische Erneuerung des Brauereibetriebes mit modernen Brauanlagen. Nach dem Zusammenbruch der DDR wurde 1990 aus der Konsumbrauerei die Weimarer Brauerei. 1994 wird in Ehringsdorf Konkurs angemeldet. 1998 ersteigert die Rosenbrauerei Pößneck das Betriebsgelände, um dort wieder eine Braustätte aufzubauen. Seit 2003 werden in Weimar untergärige Vollbiere, Pilsener und Bockbier gebraut.

→ www.ehringsdorfer.de

RATSBRAUEREI WEISSENSEE — WEISSENSEE

WEISSENSEER RATSBRÄU – NACH DEM REINHEITSGEBOT VON 1434

Brautradition schon seit 1265. Bekannt vor allem wegen seines Reinheitsgebotes in der „Statuta thabernae" von 1434, das ausschließlich Hopfen, Malz und Wasser vorschreibt. Gebraut wird seit 2000 im spätromanischen Weißenseer Rathaus, welches als das älteste seiner Art in

Deutschland gilt. Hier wird auch das Weißenseer Ratsbräu (hell und dunkel) ausgeschenkt. Zur Erinnerung an das Reinheitsgebot wird seit seiner Entdeckung durch den Historiker Michael Kirchschlager im Jahr 1998 alljährlich in Weißensee das „Weißenseer Bierfest" gefeiert.

→ www.ratsbrauerei-weissensee.de

→ www.weissenseer-reinheitsgebot.de

BRAUEREI NEUNSPRINGE WORBIS | WORBIS

„SO GUT SCHMECKT DAS EICHSFELD"

Brautradition seit 1867. Firmengründer Carl Kuntze nahm mit seiner Dampfbrauerei an der Duderstädter Landstraße in Worbis den Braubetrieb auf. Unter Führung seiner Söhne wurde das Vertriebsnetz der Neunspringer Brauerei immer weiter ausgebaut. Es entstanden u. a. Niederlassungen in Duderstadt, St. Andreasberg, Bleicherode, Nordhausen, Kelbra. Am 1. Dezember 1953 erfolgte die Überführung der Thüringer Privatbrauerei in einen volkseigenen Betrieb (VEB Brauerei Neunspringe) sowie umfangreiche Betriebserweiterungen. 1969 wurde das Unternehmen in das Getränkekombinat Erfurt überführt, in dem insgesamt 10 zuvor eigenständige Brauereien vereinigt waren. Nach der Wende wurde der Produktionsbetrieb zunächst von der Treuhandanstalt fortgeführt. Seit 1994 ist die Thüringer Traditionsbrauerei Neunspringe wieder in Privatbesitz. In der Lutherdekade brauen sie Biere gemäß Luthers Wahlspruch: „Wer kein Bier hat, hat nichts zu trinken." Außerdem wird Pilsner, Schwarzbier, Dunkler Bock, Maibock, Benedictus – ein Festbier anlässlich des Papstbesuches im Eichsfeld, Weihnachtsschwarzbier, Luther Reformationsbier, Luther Starckbier, Luther Urtyp Dunkel und Luther Porter gebraut.

→ www.brauerei-neunspringe.de

Seit geraumer Zeit werden in Thüringen auch wieder „bierische Hoheiten", wie Bierköniginnen, Bierkönige und Hopfenköniginnen, gewählt. Zum Beispiel der Watzdorfer Bierkönig.

DIE BIER- UND BURGENSTRASSE

Kultur und Kulinarik verbindet die Bier- und Burgenstraße auf angenehmste Weise. Auf einer Länge von fast 500 Kilometern, stets dem Verlauf der B 85 folgend, lädt sie ein zu einer Reise durch die unverfälschte Landschaft reizvoller Naturparks, entlang romantischer Flüsse und Täler vom Kyffhäuser Gebirge bis in den Bayerischen Wald.

Als Zeitzeugen vergangener Epochen vermitteln trutzige Burgen, liebevoll restaurierte Schlösser, sagenumwobene Ruinen und eine reiche Museumslandschaft ein Stück deutscher Geschichte.

Aber zum Reisen gehört auch das Rasten! Sowohl in Thüringen als auch in Bayern stellt die reichhaltige Palette der Bierspezialitäten von dunklen Vollbieren über feine Pilssorten hin zu erfrischenden Weizen- und süffigen Bockbieren die Liebhaber des edlen Gerstensaftes vor eine schwere Wahl. Das Rezept für ihr Bier werden die Braumeister zwar kaum verraten, aber einen Blick über die Schulter lassen sie sich dennoch werfen. Entlang der Bier- und Burgenstraße empfehlen sich die Apoldaer Vereinsbrauerei, die Watzdorfer Erlebnisbrauerei, das Bürgerliche Brauhaus Saalfeld, die Brauereien Kaiserhof und Antla in Kronach, die Gampertbräu Weißenbrunn, die Kulmbacher Brauerei, die Brauerei Sperber-Bräu in Sulzbach-Rosenberg, die Brauerei Winkler in Amberg sowie die Hofmark Brauerei in Loifling bei Cham.

→ www.bierundburgenstrasse.de

Biersorten und Biermarken

Biersorte oder Biermarke? Unter Biersorte versteht man eine bestimmte Klasse oder einen Typ eines Bieres, wie z. B. Altbier, Berliner Weiße, Bockbier, Export, Kölsch, Lagerbier, Märzenbier, Pilsner, Pilsator, Schwarzbier oder Weizenbier. Die etwa 80 Sorten grenzen sich durch eine typische Kombination bestimmter Eigenschaften (wie Brauart, Farbe, Zutaten, Alkoholgehalt, Haltbarkeit und natürlich Geschmack) von anderen Sorten ab. Einer Biersorte gehören mehrere Biermarken an. In Deutschland werden grob geschätzt zwischen 5.000 und 6.000 Biere gebraut. Damit stehen wir in puncto Markenvielfalt einzigartig in der Welt da. Hauptsächlich wird bei uns Pils verkauft, aber auch andere Sorten finden zunehmend den Weg ins Bierglas oder in den Krug. Zu Thüringens berühmtesten Biersorten zählt zweifellos das sehr dunkle, malzbetonte Schwarzbier. Passende Marken wären Köstritzer und Watzdorfer Schwarzbier, Schwarze Rose, Schwarzer Esel (einst schwarzer Drache) oder Raubritter

Dunkel. Unser Schwarzbier ist kein Starkbier. Es wird mit einer Stammwürze von mindestens elf Prozent gebraut und gehört damit zu den Vollbieren. Der Alkoholgehalt liegt bei 4,8 bis 5 Vol.-%. Unsere Bierbrauer brauen es nach alten, traditionsreichen Rezepturen und unter Einsatz modernster Technologie. Die wunderbare schwarze Farbe erhält unser Schwarzbier allein durch die Verwendung von dunklen Spezial- oder Röstmalzen. Hier gilt, wie bei allen unseren Bieren, das deutsche Reinheitsgebot!

KLEINES LEXIKON DER BIERSORTEN

Biersorten sind vom Stammwürzegehalt abhängig. Ein sogenanntes „Vollbier" muß zwischen 11 bis 14 % aufweisen. Die meisten Biere sind also Vollbiere. Die Unterteilung in Sorten dient dem Verbraucher, den Charakter des Bieres „erahnen" zu können, was allerdings aufgrund der Vielfalt der Sorten (und Marken) nicht ganz einfach ist.

ALT (AUCH ALTBIER)

Klassisches Vollbier, welches seinen Namen nach „alter" Brauart erhielt. Es wird mit einer Stammwürze von durchschnittlich 11,5 Prozent obergärig gebraut und weist einen Alkoholgehalt von etwa 4,8 Vol.-% auf. Das älteste Altbier geht in seiner urkundlichen Erwähnung auf das Jahr 1266 zurück!

BERLINER WEISSE

Obergäriges Schankbier aus Gersten- und Weizenmalz. Der Begriff ist als eingetragene Marke vom Brauereiverband Berlin/Brandenburg e.V. geschützt. Berliner Weiße hat eine Stammwürze von 7–8 % und einen niedrigen Alkoholgehalt von ca. 2,8 Vol.-%. Ihre Farbe ist ein dunkles, leicht hefetrübes Gelb. Die empfohlene Trinktemperatur liegt bei 8–10 °C.

BOCKBIERE

Ober- oder untergärige Starkbiere, deren Stammwürzegehalt über 16 Prozent und der Alkoholgehalt bei 6,5 Vol.-% und darüber liegen. Es gibt helle (Maibock), dunkle und Weizenstarkbiere.

DOPPELBOCK

Ein Bockbier, das mit einem Stammwürzegehalt von über 18 % eingebraut wird. Der Alkoholgehalt beträgt dabei zwischen 5 und 12 Vol.-% und liegt damit in den oberen Bereichen der angebotenen Sorten. Biere dieser Gruppe führen in Anlehnung an den ältesten Doppelbock, den *Salvator* der Paulanerbrauerei München zumeist die Endsilbe *-ator* im Namen. Doppelbockbier wurde früher nur um die Fastenzeit herum gebraut. Die Unterscheidung zwischen Bock und Doppelbock geht auf die ältere deutsche Gesetzgebung zurück.

KÖLSCH

Helles, blankes (gefiltertes) und obergäriges Vollbier mit einer durchschnittlichen Stammwürze von 11,3 %. Der Alkoholgehalt liegt bei durchschnittlich 4,8 Vol.-%. Die Kölsch-Konvention (eine Vereinigung Kölner Brauereien) von 1985 bestimmt, welches Bier sich „Kölsch" nennen darf. Es muss u. a. ausschließlich in Köln gebraut werden (ausgenommen sind Brauereien außerhalb des Stadtgebiets von Köln, die an der Bezeichnung „Kölsch" bereits vor Inkrafttreten der Konvention einen wertvollen Besitzstand erworben hatten). Heute muss ein nicht filtriertes Bier nach kölscher Brauart daher ausdrücklich als „unfiltriert", „hefetrüb" oder

„naturtrüb" bezeichnet werden. Weitere Zu-
sätze wie „Ur-Kölsch" oder „Echt Kölsch" sind
den Mitgliedern untersagt.

EISBOCK

Richtig starkes Bockbier, bei dem vereistes Wasser aus dem Bier entfernt wird. Damit kann ein deutlich höherer Alkoholgehalt erreicht werden. Auch wenn heute die Herstellung nach modernen Bedingungen erfolgt (früher ließ man das Bier im Freien stehen und schöpfe das gefrorene Wasser einfach ab), wird diese Bierspezialität für den Kenner von einigen Brauereien nach diesem Verfahren hergestellt. Diese Methode entspricht dann immer noch der Bierdefinition in Deutschland, da lediglich der Wassergehalt geringer wird und alle anderen Zutaten unverändert bleiben.

EXPORT (AUCH EXPORTBIER)

Im deutschsprachigen Raum ein untergäriges, helles oder dunkles Vollbier mit einer Stammwürze von 12 % bis 14 % und einem Alkoholgehalt von zumeist etwas über 5 Vol.-%. Im Unterschied zu den für den heimischen Markt bestimmten Bieren wurden die für den Export gedachten Biere früher stärker gebraut, um sie dann am Bestimmungsort mit dem dort verfügbaren Wasser auf Trinkstärke zu strecken.

HELLES

Weniger bitteres und nicht gefärbtes Vollbier, welches vor der Abfüllung in Fass oder Flasche klar (blank) gefiltert wird. Deshalb nennt man es auch „blankes Bier". Bis in die 1960er-Jahre war „Helles" allgemein verbreitet, bis es durch das Pilsner verdrängt wurde.

LAGER

Bis zum 19. Jahrhundert wurden alle untergärigen Vollbiere und Schankbiere so bezeichnet, wenn die Lagerung mit 11 % bis 14 % Stammwürze, entsprechend einem Alkoholgehalt von 4,6 bis 5,6 Vol.-% erreicht war. Heutige Lagerbiere weisen den Stammwürzegehalt eines Vollbieres auf, sind aber im Gegensatz zum Pilsner in der Regel nur schwach gehopft. Das Verbreitungsgebiet liegt vor allem in den süddeutschen Regionen.

MÄRZEN (AUCH MÄRZENBIER)

Ursprünglich im März gebrautes, untergäriges Vollbier. Die Bezeichnung Märzenbier wird heute vor allem in Süddeutschland und Österreich für stärkere Lagerbiere verwendet, die eigentlich in die Kategorie Exportbier fallen. Im 16. Jahrhundert braute man diese stärkeren Biere in Bayern, um ausreichend Bier bis zum Herbst zu haben. Die ersten Oktoberfestbiere waren Märzenbiere.

MÜNCHNER DUNKEL

Wird als Vollbier oder Export Dunkel hergestellt, dabei variiert es je nach Herstellungsverfahren und Zutaten in der Farbe zwischen kräftig kupferrot bis dunkelbraun, ist nur mäßig gehopft, daher mild mit deutlich malzig-süßer Note. Zumindest traditionell wird als typische Hauptzutat das Münchner Malz verwendet, das es – je nach Darrtemperatur – in den genannten Farbabstufungen gibt. Durch die Zugabe von Farbebier (Röstmalzbier und völlig im Sinne des deutschen Reinheitsgebotes!) färben Brauereien jedoch auch helles, meist La gerbier ein und bringen das Ergebnis als *Dunkles* in den Handel.

Pils(e)ner Bier (auch Pils oder Bier nach Pils(e)ner Brauart)

Ein nach der böhmischen Stadt Pilsen (tschechisch *Plzeň*) benanntes, untergäriges Bier mit erhöhtem Hopfengehalt und dementsprechend auch starkem Hopfenaroma). Die Stammwürze liegt höchstens bei 12,5 %. Nach Pilsner Brauart hergestellte Biere bilden heute den Großteil der in Deutschland produzierten und verkauften Biere. Das Bier trat im 19. Jahrhundert als Lager- und Exportbier auch außerhalb Böhmens seinen Siegeszug an. Bald nannten sich viele Biere nicht nur in Deutschland *Pilsner*, *Pilsener* oder auch nur *Pils*.

Porter

Dunkles, oft tiefschwarzes Bier mit einem malzigen oder sogar röstmalzbetontem Geschmack. Traditionell stark gehopft und herb steht der Begriff heute für verschiedene Arten von Bier. In Deutschland steht „Porter" für ein teilweise untergäriges, dunkles Starkbier mit 7–9 Vol.-%. Alkohol. Aber auch leicht süßliche, weniger starke Porterbiere finden den Weg zum Verbraucher.

SCHWARZBIER

Dunkle, untergärige Vollbiere mit einem Alkoholgehalt zwischen 4,8 und 5 % Vol.-%. Seine dunkle Farbe erhält Schwarzbier meist durch die Verwendung dunklen Brau- oder Röstmalzes. Der Stammwürzegehalt beträgt mindestens 11 %.

WEISSBIERPILS

Eine Kombination aus Weizenbier und Pilsner, die in einem schwierigen Brauvorgang mit obergäriger und untergäriger Hefe hergestellt wird. Weißbierpils kombiniert den fruchtigwürzigen Geschmack von Weißbier mit dem herben Geschmack von Pils.

WEIZENBIER

Obergäriges, erst
nach der Wende
1990 in Thü-
ringen beliebtes
Bier, besonders
an warmen Som-
mertagen. Es hat
in der Regel einen
Stammwürzegehalt
zwischen 11 und 14
Prozent. Der Alko-
holgehalt liegt entspre-
chend bei 5–6 Vol.-%.
Jedoch gibt es auch Wei-
zenstarkbiere mit einem
Stammwürzegehalt von
bis zu 20 Prozent und
einem Alkoholgehalt
von über 8 Vol.-% Al-
koholfreie Weizenbiere
sind zunehmend bei
Sportlern beliebt.

BACH UND DIE BIEROPER

In Thüringen versteht man es nicht nur die besten Bratwürste zu stopfen und exzellente Biere zu brauen, unser Freistaat ist auch weit über die deutschen Landesgrenzen hinaus bekannt für seine kulturellen Leistungen. Doch hier soll es nicht um unseren Dichterfürsten J. W. von Goethe gehen, der schon das Köstritzer Bier erwähnte, wir wollen dem großen Musiker Johann Sebastian Bach gedenken. Der soll nämlich im Jahre 1705 die sogenannte „Bieroper" vertont haben. Als Verfasser des Textes steht indes der Arnstädter Rektor Johann Friedrich Treiber fest.

Was das Bier in einer Stadt
für verbotne Wirkung hat,
kann man aus den Fällen sehen,
die da pflegen vorzugehen.
Dieser wird zu Schlägereien
durch das starke Bier forciert,
jener lässet auf sich schneien,
dass er wohlbezecht erfriert.
Wer es nicht vertragen kann,
stiftet Mord und Torschlag an.
Feuerbrunst samt Ketten und Banden
sind durch starkes Bier entstanden.
Starkes Bier macht unkeusch Leben,
zehrt gesunde Leiber aus,
wer sich in Gefahr will geben,
bringe nur stark Bier ins Haus.

Hopfen und Malz, Gott erhalt's!

Bierwort wird wahr. (Edda)

Lasst Bier aus schönen Krügen blinken,
denn auch das Auge will mit trinken.

Wir trinken Bier. Wasser soll Mühlen treiben.
(Alter Brauerspruch)

Versauf ich die Schuh,
so behalt ich doch die Füße.

Brauhäuser und Bierkeller sind die
vornehmsten Apotheken. (Spruch eines Arztes)

Je böser das Weib, je schöner die Kneip.

Bist du beim Bier so bleibe dabei.
Die Frau schimpft um 10 genau wie um 2.

Doch ist dein Herz verdrossen,
und wenn es Ärger fühlt,
so sei der Gram entschlossen
mit Bräu hinabgespült.

Hopfen und Malz, Gott erhalt's!

Wasser reich und Hopfen arm,
ist ein Bier, daß Gott erbarm.

Meine Väter kannten nur Bier, und das ist das
Getränk, das für unser Klima passt.
(Friedrich der Große)

Es wird bei uns Deutschen mit wenig so viel
Zeit totgeschlagen wie mit Bier trinken.
(Otto von Bismarck)

Es ist ein Grundbedürfnis der Deutschen, beim
Biere schlecht über die Regierung zu reden.
(Otto von Bismarck)

BIERSPRÜCHE FÜR BIERLIEBHABER

Bier ist der Beweis, dass Gott uns liebt
und will, dass wir glücklich sind.
(Benjamin Franklin)

Ein Schweinebraten kalt,
Ein Mägdlein, 18 Jahre alt,
Ein spritzig Bier, wer das nicht mag,
Der ist ein Dummkopf all sein Tag.
(Studentenspruch)

Hopfen und Malz, Gott erhalt's!

Wird einer früh vom Tod betroffen,
sagt man, er hat sich tot gesoffen.
Stirbt einer von den guten Alten,
so heißt's, den hat das Bier erhalten.
Glückt's, die Zeit gut einzuteilen,
dann wird Arbeit nie zur Last.
Brauer halten drum zuweilen
im Schallander gerne Rast.

Erhöhter Bierpreis hat's vermocht,
dass des Volkes Seele kocht.

Glückt's, die Zeit gut einzuteilen,
dann wird Arbeit nie zur Last.
Brauer halten drum zuweilen
im Schallander gerne Rast.

BIERSPRÜCHE FÜR BIERLIEBHABER

Die erste Pflicht der Musensöhne
ist, daß man sich ans Bier gewöhne.
(Wilhelm Busch)

Ein guter Gast drückt weder die Preise
noch die Kellnerin.

Wer weder lieben noch trinken kann,
den sieht man nur voll Mitleid an.

Übernimm Dich nicht beim Biertrinken
Sprichst Du, kommt etwas anderes aus
Deinem Mund. Du weißt nicht, wer es sagt.
Du fällst und Deine Glieder versagen
(Altägyptisches Lied)

KOCHEN MIT BIER

Das Kochen mit Bier ist eine alte Sache, denn stets war genügend davon da. Schon Friedrich der Große wurde mit Biersuppe großgezogen. Es eignet sich hervorragend zur Zubereitung von Braten, Soßen und Desserts. Denke ich an Kohlrouladen bzw. Krautwickel, abgelöscht mit Schwarzbier und Salzkartoffeln, läuft mir das Wasser im Munde zusammen. Gleiches gilt für Braten in Schwarzbiersoße mit Thüringer Klößen. Man sollte sich als Thüringer für ein mildes Schwarzbier zum Kochen entscheiden (Köche aus anderen Regionen schwören natürlich auf ihr Bier!) und sollte der Hopfen unserer Suppe oder Brühe doch etwas zu viel Bitterkeit verleihen, dann schneidet man einfach einen Apfel dran. Der zieht das Bittere raus und verleiht der Brühe einen milden Geschmack.

BIERSUPPE

Zutaten *(für 4 Personen)*

200–300 gr. geräucherten Bauchspeck
6–8 mittelgroße Zwiebeln
1–2 Äpfel
ca. 1 l ungesalzene Rinderbühe
ca. 1 l mildes Schwarzbier

Geräucherten Bauchspeck in kleine Würfel schneiden und glasig dünsten. Halbe Zwiebelringe zugeben, andünsten und das Ganze mit Schwarzbier ablöschen und etwas köcheln lassen. Dann im Wechsel (und unter steter Verkostung!) heiße, ungesalzene Rinderbrühe (Kalbsknochen mit Suppengrün) und Schwarzbier zugeben, so, wie es einem am besten schmeckt. Man kann der Biersuppe auch noch Fleischklößchen beigeben oder sie als Soße verwenden. Ich würde auch ein- oder zwei geviertelte Äpfel mitkochen, sie ziehen das Hopfenbittere aus der Suppe. Die Biersuppe nicht salzen! Das besorgt der Bauchspeck.

Zutaten
2 kg Schweinegulasch
500 g Zwiebeln
500 g Kidneybohnen
200 g Wachsbohnen
Margarine
Mehlbutter
Salz
Pfeffer
300 ml Rotwein
1 ml Sherry
200 ml Schwarzbier
10 g Koriander (fein gemahlen)

Die Margarine in einer Pfanne erhitzen, den Gulasch, die Zwiebeln, die Bohnen hinzugeben. Das Ganze mit Sherry und Rotwein ablöschen und auf kleiner Flamme einreduzieren lassen. Schwarzbier auffüllen und langsam etwa 40 Minuten köcheln lassen. Mit der Mehlbutter eine feste Konsistenz schaffen. Zuletzt mit dem Koriander würzen. Dazu passen Böhmische Semmelknödel mit Schmorkraut aber auch

Thüringer Klöße. Man kann auch Gulasch nach altbewärter Art braten und einfach mit Schwarzbier ablöschen. Sollte man Schweinebraten zubereiten wollen, kann man auch diesen mit Schwarzbier ablöschen. Gerät die Soße zu herb, gibt man einfach etwas Apfel zu.

BIERGELEE

Zutaten
¾ Liter Bier
1 Esslöffel Vanillinzucker
1 Prise Zimt
1 kg Gelierzucker

Die Zubereitung des Gelees bzw. der Marmelade ist sehr einfach. Das Bier mit dem Gelierzucker, dem Vanillinzucker und der Prise Zimt vermischen und zirka zwei Minuten sprudelnd kochen. Nach dem Abschäumen einfach in Gläser füllen.

- Der vollkommene Bierbrauer. Oder kurzer Unterricht alle Arten Biere zu brauen, wie auch verdorbene Biere wieder gut zu machen, auch alle Arten von Kräuter-Bieren. Nebst einem Anhang von Methsieden, Carl Wendlern, Frankfurt und Leipzig 1784
- Erhard Ilgenstein: Das überschäumende Sprüchefäßchen. 532 Sprüche über das Bier, Fischer, Jena 1989
- Michael Jackson: Bier – Über 1000 Marken aus aller Welt, Hallwag, Bern und Stuttgart 1994
- Michael Kirchschlager (Hrsg.): Statuta thaberna(e). Altdeutsche Wirtshausregeln & Gesetze über das Brauen von Bier nebst dem ältesten deutschen Reinheitsgebot der Landgrafenstadt Weißensee in Thüringen, H. Hetzbold Verlag, Weißensee 1998
- Michael Kirchschlager: Was Sie schon immer über teutsches Pier wissen wollten, H. Hetzbold Verlag, Weißensee 1998

- Rolf Lohberg: Das große Lexikon vom Bier, VMA-Verlag, Wiesbaden o. J.
- Uwe-Jens Schumann (Hg.): Deutschland deine Biere, Bechtermünz, Augsburg 1997
- Ernst Stahl: Die Arnstädtische „Bieroper" aus dem Jahre 1705. Herausgegeben in Verbindung mit dem Thüringer Geschichtsverein Arnstadt e. V., Arnstadt 1993
- Emil Ulischberger: Rund ums Bier, Fachbuchverlag, Leipzig 1979
- Viele nützliche und weitere interessante Infos findet man auf der Internetseite des Deutschen Brauer-Bundes e. V.: → www.brauer-bund.de

Zunftzeichen der Brauer –
Brauerbottich mit Malzschaufel,
Maischerührscheit, Schöpfer und Gerstenähren

...weitere Bände aus der
Rhino Westentaschen-Bibliothek

Neuerscheinungen Frühjahr 2015:

032 **Rügen von A bis Z**

033 **Das kleine Ostseemöwen-Buch**

034 **Sojourns and Sayings of Martin Luther**

035 **iga, egapark, BUGA – Blumenstadt Erfurt**

036 **Heil- und Kräuterschnäpse**

037 **Kleines Thüringer Bierbuch**

038 **F. Fröbel – Stationen seines Lebens und Wirkens**

039 **Großvaters Handwerkstipps**

Eine vollständige Übersicht aller Bände mit ISBN finden Sie im Internet unter:

www.rhinoverlag.de

RHINOVERLAG